AF560903

AUSSCHNITT AUS „MARS UND VENUS". (VGL.
25. PRIMAVERA. ABOUT 1478. FLORENCE · UFFIZI / DER FRÜHLING. UM 1478.

IMPRESSUM

Math. Lempertz GmbH
Hauptstraße 354
53639 Königswinter
Tel.: 02223 / 90 00 36
Fax: 02223 / 90 00 38
info@edition-lempertz.de
www.edition-lempertz.de

Dieses Kochbuch wurde nach bestem Wissen und Gewissen verfasst. Weder der Verlag noch der Autor tragen die Verantwortung für ungewollte Reaktionen oder Beeinträchtigungen, die aus der Verarbeitung der Zutaten entstehen.
Der Markenname „Thermomix" ist rechtlich geschützt und wird nur als Bestandteil der Rezepte verwendet. Für Schäden, die bei der Zubereitung der Gerichte an Personen oder Küchengeräten entstehen, wird keine Haftung übernommen.
Bitte beachte die Anwendungshinweise der Gebrauchsanweisung deines Thermomixgerätes.

www.facebook.com/MIXtippRezepte

Titelbild: ©Amelie von Kruedener
Umschlagrückseite: ©Ekaterina Belova (l.), ©Amelie von Kruedener (r.)
Lektorat: Eva Weigelt
Layout/Satz: Hilga Pauli
Produktion: Print Consult GmbH
Printed and bound in Slovenia.

ISBN: 978-3-96058-282-3
Dieses Buch wurde klimaneutral gedruckt.

Fotos:
Rezeptfotos und Autorenfoto: ©Amelie von Kruedener
©Adobe Stock: Vladimir Voronin, wim, nipatsara, Aliaksandr Kazlou, fottoo, Kotkoa, YuliyaKirayonak, eyetronic, Farknot Architect, konstantant, ziss

AMELIE VON KRUEDENER

Französische Küche

KOCHEN MIT DEM THERMOMIX®

LEMPERTZ

Inhalt

Tartes/Quiches

Desserts

Eine wahrhaftige und gute Küche besteht zu 90 % aus hochwertigen und frischen Zutaten und zu 10 % aus Phantasie.

Paul Bocuse

Liebe Thermomixfreunde,

in der französischen Küche legt man großen Wert auf sorgsam ausgewählte Zutaten von hoher Qualität. Die französische Küche verspricht puren Genuss. Seit Jahrhunderten ist sie eine der einflussreichsten Landesküchen Europas, die von der Haute Cuisine geprägt wurde. Aufgrund unterschiedlicher Kombinationsmöglichkeiten und Zubereitungsarten ist sie eine der abwechslungsreichsten Küchen überhaupt.

Amelie von Kruedener hat für euch in diesem Buch tolle Rezepte aus Frankreich für den Thermomix® zusammengestellt. Der Thermomix® zeigt sich hier wieder als echtes Multitalent. Testet unbedingt alle französischen Leckereien einmal aus! Französisch kochen klappt im Thermomix® hervorragend, ihr werdet von jedem einzelnen Gericht begeistert sein!

Antje Watermann

Herausgeberin, Edition Lempertz

„Essen wie Gott in Frankreich …"

Die Franzosen sind von Grund auf Genießer. Frankreich steht sowohl für leckeres Essen und guten Wein als auch für Lebensart und Lässigkeit. Eine bekannte Redewendung, die für die Genussfreude der Franzosen steht, ist „Essen wie Gott in Frankreich". Die Franzosen wissen, wie man das Leben genießt. Aber was macht diese typisch französische Lebensart aus, das „savoir vivre", wie man es bezeichnet?

Genießen auf Französisch

Der Start in den Tag verläuft bei den Franzosen eher schnell. Ihr ***petit déjeuner*** (Frühstück) nehmen sie gerne außer Haus zu sich, im Straßencafé oder Bistro um die Ecke. Hier reicht ihnen meist eine ***tartine*** (Scheibe Baguette mit ungesalzener Butter und Marmelade) und ein ***café***, ein Espresso. Wer also einen Kaffee möchte, der muss einen ***café crème*** oder einen ***café au lait*** bestellen. Gerne tunken die Franzosen dann auch ihr Baguette in den ***café.*** Beliebt sind aber auch Kaffee und Croissant auf dem Weg zur Arbeit. Süßes Gebäck, Brioche, mit Schokolade gefüllte Croissants und andere Leckereien erfreuen sich am Wochenende großer Beliebtheit. Gibt es Baguette, so wird es mit der Hand abgebrochen und nicht geschnitten.

Dafür fällt das ***déjeuner*** (Mittagessen) üppig aus und wird oft im Restaurant eingenommen. Franzosen sind gesellige Menschen, daher verbringen sie nicht nur mit Freunden und der Familie gerne Zeit bei einem geselligen Essen in großer Runde und einem Apéro, einem Glas Wein, oder einem Pastis. Auch Geschäftsessen können so gerne auch mehrere Gänge umfassen und sich über viele Stunden ziehen. Oft wird jeder der verschiedenen Gänge von einem anderen Wein begleitet, passend zum Gericht.

Das ***diner*** (Abendessen) ist traditionell leichter als das ***déjeuner.*** Jedoch wandelt sich diese Mahlzeit mehr und mehr zur Hauptmahlzeit des Tages. Sobald das Essen bestellt ist, wird auch schon ein Korb mit frischem Brot auf den Tisch gestellt, mit dem dann auch die köstliche Sauce, die es zur Hauptmahlzeit dazu gibt, aufgewischt werden darf. Der Käse – ***fromage*** – wird immer nach dem Hauptgericht und vor dem Dessert gereicht. Und so gesellig, wie die Mahlzeit beginnt, endet sie auch, die Rechnung wird nicht auf die einzelnen Personen aufgeteilt sondern von einer Person komplett bezahlt.

Liebenswerte Wesenszüge der Franzosen

Ist man mit Freunden oder Kollegen im Restaurant verabredet, nehmen es die Franzosen nicht so genau mit der Pünktlichkeit. „Pünktlich" ist in Frankreich derjenige, der etwa 10 bis 20 Minuten später im Restaurant ankommt als verabredet.
Ist man sich vertraut, so gibt man sich in Frankreich zur Begrüßung zwei Luft-Wangenküsschen, wobei man in der Regel mit der rechten Wange beginnt. Je nach Region variiert die Zahl der Küsse. Auf Französisch heißt Kuss „bise". Es stammt vom lateinischen „basium" und ahmt lautmalerisch das Geräusch des Küssens nach.
Und wenn die Franzosen mal nicht gemeinsam ihr Essen genießen, spielen sie sicher gemeinsam Pétanque, was öfter auch Boule genannt wird. Schon seit Jahrhunderten treffen sich Menschen aller Altersgruppen zu diesem Freizeitsport in Parks auf dafür angelegten Flächen. Mindestens zwei Spieler versuchen dabei, die eigene Kugel möglichst nah an die kleine Zielkugel zu werfen. Dabei ist das Wegschießen gegnerischer Kugeln erlaubt. Es punktet die Kugel, die näher am Ziel liegt.

Die Franzosen wissen eben wie man es sich gutgehen lässt. Seid gespannt auf die tollen französischen Rezepte auf den folgenden Seiten.

Vive la France!

Vorspeisen

Hors-d'Œuvres

L'appétit vient en mangeant.
Der Appetit
kommt beim Essen.

Kleine Windbeutel

mit Champignon-Füllung und selbstgemachter Mayonnaise

Petits choux aux champignons

12 Stück · mittel · 22 Min. + 25 Min. Backzeit

Zutaten

Utensilien:

Backblech, -papier
Spritzbeutel mit Spritztülle (15 mm Hülse)

Für den Teig:

75 g Wasser
75 g Milch, 1,5 % Fett
80 g Butter, weich, in Stücken
120 g Weizenmehl, Type 405
3 Eier, Größe M

Für die Füllung:

60 g Schalotten, halbiert
1 Knoblauchzehe
1 EL Olivenöl
Salz, nach Belieben
300 g Champignons, geputzt, in Vierteln
¼ Bund Petersilie, glatt

Für die Mayonnaise:

1 Ei, Größe M
1 TL Senf
Salz, nach Belieben
Pfeffer, nach Belieben
200 g Sonnenblumenöl
Saft von ½ Zitrone

1. Heize den Backofen auf 180°C Umluft vor und lege ein Backblech mit Backpapier aus.

2. Erhitze für den Teig Wasser, Milch und Butter im Mixtopf 3 Minuten/ 100°C/ Stufe 1. Gib das Mehl hinzu und rühre es 20 Sekunden/ Stufe 4 unter. Danach gibst du die Eier dazu und verrührst den Teig erneut 20 Sekunden/ Stufe 4.

3. Fülle den Teig in den Spritzbeutel und spritze kleine Teighäufchen auf das vorbereitete Backblech. Die kleinen Teighäufchen sollten ungefähr so groß wie Tischtennisbälle sein. Backe die Teighäufchen nun im vorgeheizten Backofen 25 Minuten/ 180°C Umluft und lass sie nach dem Backen auskühlen.

4. In der Zwischenzeit reinigst du den Mixtopf gründlich und schälst für die Füllung die Schalotten und den Knoblauch. Halbiere die Schalotten und gib diese mit Knoblauch, Öl und Salz in den Mixtopf. Dünste die Zutaten 6 Minuten/ Varoma/ Linkslauf/ Sanftrührstufe ohne den Messbecher.

5. Putze die Pilze und gib sie in Vierteln in den Mixtopf dazu. Gare die Zutaten 8 Minuten/ 100°C/ Stufe 1 und schütte anschließend die überschüssige Flüssigkeit ab. Zerkleinere nun die Mischung 3 Sekunden/ Stufe 3 und fülle sie in eine Schüssel um, die du zum Abkühlen beiseite stellst.

6. Reinige den Mixtopf gründlich und wasche die Petersilie. Tupfe sie trocken und zerkleinere sie im Mixtopf 5 Sekunden/ Stufe 7. Rühre die Petersilie anschließend unter die Füllung in der Schüssel.

7. Spüle den Mixtopf kurz mit kaltem Wasser aus und setze den Schmetterling ein. Verrühre für die Mayonnaise Ei, Senf, Salz und Pfeffer im Mixtopf 3 Minuten/ Stufe 4. Gieße das Öl und den Zitronensaft auf den Mixtopfdeckel. Die Zutaten laufen so nach und nach durch den Messbecher in den Mixtopf

und verbinden sich gleichmäßig mit den Zutaten darin. Entferne den Schmetterling und vermische die Mayonnaise mit der Champignon-Mischung.

8. Schneide die ausgekühlten Windbeutel auf und befülle sie mit der Champignon-Masse.

Thunfischschnecken

Escargots au thon

Zutaten

Utensilien:

Backblech, -papier

150 g Thunfisch aus der Dose, abgetropft

40 g schwarze Oliven, entsteint

25 g saure Gurken

3 Eier, Größe M, hartgekocht, kalt, halbiert

100 g Frischkäse, z.B. Philadelphia

Salz, nach Belieben

Pfeffer, nach Belieben

1 Rolle fertiger Blätterteig aus dem Kühlregal (270 g)

1. Gib Thunfisch, Oliven, Gurken, Eier, Frischkäse, Salz und Pfeffer in den Mixtopf und vermische die Zutaten 11 Sekunden/ Stufe 5.
2. Rolle den fertigen Blätterteig aus und streiche die Masse aus dem Mixtopf auf den Teig. Lass an einer Seite ca. 4 cm frei. Rolle den Teig nun ein und lege ihn für 20 Minuten in den Gefrierschrank.
3. Heize nach der Kühlzeit den Backofen auf 180°C Umluft vor und lege ein Backblech mit Backpapier aus.
4. Schneide den Teig in 1 cm dicke Scheiben und verteile diese auf dem vorbereiteten Backblech. Backe die Schnecken im vorgeheizten Backofen 20–25 Minuten/ 180°C Umluft.

mixtipp
Super lecker schmeckt der Linsensalat mit frischem Baguette.

Linsensalat mit Mandeln

Salade de lentilles aux amandes

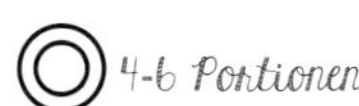

Zutaten

Utensilien:

Pfanne

1500 g Wasser
1 TL Salz
100 g Linsen, grün
100 g Langkornreis
4 EL Mandelstifte
Saft von 1 Zitrone
5 EL Olivenöl
Salz, nach Belieben
Pfeffer, nach Belieben
4 EL Röstzwiebeln

1. Fülle Wasser und Salz in den Mixtopf und Linsen und Reis in das Garkörbchen. Hänge das Garkörbchen im Mixtopf ein und gare darin die Zutaten 20 Minuten/ 100°C/ Stufe 1. Nach dem Kochen entfernst du mithilfe des Spatels vorsichtig das Garkörbchen und lässt die Reis-Linsen-Mischung abkühlen.

2. Röste währenddessen die Mandelstifte in einer heißen Pfanne ohne Fett auf mittlerer Stufe an und stelle sie anschließend beiseite.

3. Vermische die Reis-Linsen-Mischung in einer Schüssel mit Zitronensaft und Olivenöl und würze sie nach Belieben mit Salz und Pfeffer. Zum Anrichten bestreust du den Salat mit den gerösteten Mandeln und den Röstzwiebeln.

Überbackene Zwiebelsuppe

Soupe à l'oignon gratinée

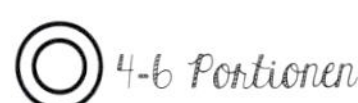

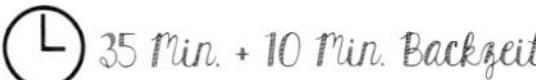

Zutaten

Utensilien:

4–6 ofenfeste Suppentassen

200 g Gruyère, in Stücken

800 g Zwiebeln, in Streifen

50 g Butterschmalz

1 EL Weizenmehl, Type 405

300 g Weißwein

2 TL Rinderbrühepulver

¼ TL Pfeffer

4–6 Toastbrotscheiben

1 Knoblauchzehe, halbiert

1. Schneide den Käse in Stücke und zerkleinere ihn im Mixtopf 8 Sekunden/ Stufe 8. Fülle den Käse in eine Schüssel um.

2. Schäle die Zwiebeln und schneide sie in Streifen. Alternativ kannst du sie auch in zwei Etappen im Mixtopf 7 Sekunden/ Stufe 4 zerkleinern.

3. Fülle die Hälfte der Zwiebelstreifen in den Mixtopf und dünste sie mit dem Butterschmalz 5 Minuten/ Varoma/ Linkslauf/ Stufe 1. Danach gibst du auch die zweite Hälfte der Zwiebeln zu den anderen in den Mixtopf hinzu und dünstest sie erneut 5 Minuten/ Varoma/ Linkslauf/ Stufe 1 an.

4. Füge als Nächstes das Mehl hinzu und rühre es 5 Sekunden/ Linkslauf/ Stufe 1 unter. Lösche die Mischung mit Weißwein ab, würze sie mit Rinderbrühepulver und Pfeffer und fülle den Mixtopf bis zur 2 Liter-Marke mit Wasser auf. Koche die Suppe nun 20 Minuten/ 100°C/ Linkslauf/ Stufe 1.

5. Heize den Backofen auf 200°C Umluft vor.

6. In der Zwischenzeit stichst du mithilfe einer Tasse die Toastbrotscheiben aus und toastest sie. Schäle die Knoblauchzehe, halbiere sie und reibe damit die getoasteten Scheiben ein.

7. Nach der Kochzeit verteilst du die Suppe in die Tassen. Lege die Toastbrotscheiben in die Suppentassen, bestreue sie mit Gruyère und backe sie im vorgeheizten Backofen ca. 10 Minuten/ 200°C Umluft, bis der Käse goldbraun ist.

Terrine mit drei Gemüsen und Schinken

Terrine aux trois légumes et au jambon

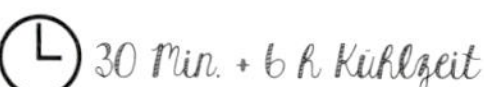

Zutaten

Utensilien:

Kastenform
Frischhaltefolie

6 Blatt Gelatine

7 Scheiben roher Schinken

10 Walnusskerne

1 Möhre, in Stücken

1 Möhre, in Scheiben

1 Schalotte, halbiert

200 g Sahne, kalt

10 Erbsenschoten

500 g Wasser

8 EL Wasser, kochend

200 g Frischkäse, z.B. Philadelphia

300 g Crème fraîche

4 EL Dill, gehackt

4 EL Petersilie, glatt, gehackt

15 Pistazienkerne, gesalzen und geröstet

1 TL Chiliflocken

Salz, nach Belieben

¼ TL Pfeffer

1. Übergieße die Gelatine mit kaltem Wasser und lass sie darin nach Packungsanweisung einweichen. Lege eine Kastenform zuerst mit Frischhaltefolie und dann mit den Schinkenscheiben aus, lass dabei eine Scheibe übrig.

2. Zerkleinere die Walnusskerne im Mixtopf 1 Sekunde/ Stufe 4 und fülle sie in eine Schüssel um.

3. Schäle die Möhren, gib eine Möhre in Stücken in den Mixtopf und zerkleinere sie 4 Sekunden/ Stufe 4. Fülle sie anschließend in eine Schüssel um.

4. Nun schälst du die Schalotte, halbierst sie und zerkleinerst sie im Mixtopf 3 Sekunden/ Stufe 5. Fülle auch diese in eine Schüssel um.

5. Setze den Schmetterling im Mixtopf ein und schlage darin die Sahne unter Beobachtung auf Stufe 3 auf. Entferne den Schmetterling, fülle die geschlagene Sahne um und reinige den Mixtopf.

6. Die zweite Möhre schneidest du in dünne Scheiben und gibst sie zusammen mit den Erbsenschoten in das Garkörbchen. Gieße 500 g Wasser in den Mixtopf und hänge das Garkörbchen ein. Gare nun die Zutaten 15 Minuten/ Varoma/ Stufe 1. Nach der Garzeit entfernst du das Garkörbchen vorsichtig mithilfe des Spatels und stellst das Gemüse beiseite.

7. Drücke die Gelatineblätter aus, schütte das Einweichwasser ab und übergieße sie mit 8 EL kochendem Wasser. Löse die Gelatine darin auf und verrühre Frischkäse und Crème fraîche im Mixtopf 5 Sekunden/ Stufe 4. Gib die flüssige Gelatine dazu und mische sie 5 Sekunden/ Stufe 4 unter. Füge anschließend die geschlagene Sahne hinzu und rühre sie 3 Sekunden/ Stufe 3 unter. Fülle ⅔ der Masse in eine Schüssel

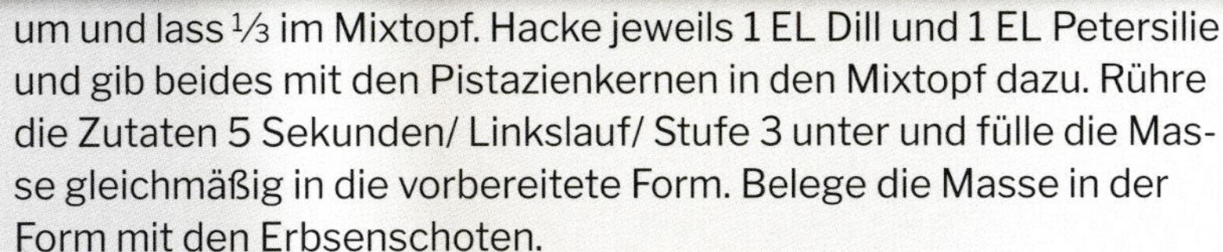

um und lass ⅓ im Mixtopf. Hacke jeweils 1 EL Dill und 1 EL Petersilie und gib beides mit den Pistazienkernen in den Mixtopf dazu. Rühre die Zutaten 5 Sekunden/ Linkslauf/ Stufe 3 unter und fülle die Masse gleichmäßig in die vorbereitete Form. Belege die Masse in der Form mit den Erbsenschoten.

8. Fülle die Hälfte der Frischkäsemasse aus der Schüssel in den Mixtopf und vermische sie mit Möhrenraspeln und Chiliflocken 5 Sekunden/ Stufe 3. Verteile die Masse ebenfalls in die Form und belege diese mit den Möhrenscheiben. Die restliche Frischkäsemasse aus der Schüssel gibst du mit Walnüssen, etwas Salz und ¼ TL Pfeffer in den Mixtopf und verrührst die Zutaten 5 Sekunden/ Linkslauf/ Stufe 3. Verteile die Masse ebenfalls in der Kastenform.

9. Lege die letzte Scheibe Schinken auf die Terrine und decke sie mit Frischhaltefolie ab. Stelle die Terrine für mindestens 6 Stunden im Kühlschrank kalt und stürze sie vor dem Servieren aus der Form.

mixtipp
Den Cocktail kannst du auch wunderbar als Aufstrich verwenden.

Rote-Beete-Cocktail mit Krabben

Verrines de betterave au crabe

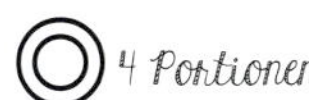
4 Portionen

leicht

10 Min.

Zutaten

300 g Rote Beete, gekocht, in groben Stücken

100 g Krabben, gekocht

80 g Mascarpone

110 g Frischkäse, z.B. Philadelphia

10 Minzeblätter + 8 zum Garnieren

Salz, nach Belieben

Pfeffer, nach Belieben

Sesam zum Garnieren

Für den Cocktail verrührst du Rote Beete, Krabben, Mascarpone, Frischkäse und Minzeblätter im Mixtopf 20 Sekunden/ Stufe 3. Schiebe die Stücke mit dem Spatel nach unten und schmecke die Mischung mit Salz und Pfeffer ab. Verrühre die Zutaten erneut 3 Sekunden/ Stufe 3 und fülle den Cocktail zum Servieren in Gläser. Garniere den Cocktail jeweils mit etwas Sesam und je zwei Minzeblättern.

Mit Thunfisch gefüllte Zitronen

Citrons farcis à la crème de thon

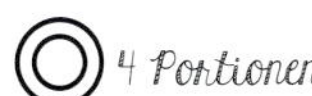
4 Portionen

leicht

10 Min.

Zutaten

4 große Bio-Zitronen, halbiert

etwas Schnittlauch

150 g Thunfisch aus der Dose, abgetropft

40 g schwarze Oliven, entsteint

3 Eier, Größe M, hartgekocht, kalt

50 g Frischkäse, z.B. Philadelphia

40 g Mayonnaise

Salz, nach Belieben

Pfeffer, nach Belieben

1. Halbiere die Zitronen, drücke sie vorsichtig aus und bewahre den Saft zur weiteren Verwendung auf. Entferne das restliche Fruchtfleisch aus den Zitronenhälften und lege die Hälften zur Seite.

2. Zerkleinere den Schnittlauch 3 Sekunden/ Stufe 8 und schiebe die Stücke mit dem Spatel nach unten.

3. Nun gibst du 10 g Zitronensaft, Thunfisch, Oliven, Eier, Frischkäse, Mayonnaise, Salz, Pfeffer und Schnittlauch in den Mixtopf und zerkleinerst die Zutaten 11 Sekunden/ Stufe 5.

4. Fülle die Zitronenhälften mit der Thunfischmasse und bewahre sie bis zum Servieren im Kühlschrank auf. Garniere die Zitronenhälften vor dem Servieren mit ein paar Zitronenzesten.

Kichererbsen-Cremesuppe

mit Speck

Crème de pois chiches au lard

4 Portionen

leicht

26 Min.

Zutaten

Utensilien:

Pfanne

100 g Zwiebeln, halbiert

240 g Kichererbsen aus der Dose, alternativ 40 g Kichererbsen, getrocknet (über Nacht in Wasser eingeweicht)

700 g Gemüsebrühe

Salz, nach Belieben

Pfeffer, nach Belieben

4 Scheiben Frühstücksspeck, dünn

50 g Tahini-Paste

Sesam, weiß, zum Garnieren

4 Zweige Kerbel, Blätter abgezupft

1. Schäle die Zwiebeln, halbiere sie und zerkleinere sie im Mixtopf 5 Sekunden/ Stufe 5. Schiebe die Stücke mit dem Spatel nach unten.
2. Gieße die Kichererbsen durch ein Sieb ab und gib sie mit Gemüsebrühe, Salz und Pfeffer in den Mixtopf. Koche die Zutaten 17 Minuten/ 100°C/ Stufe 1.
3. In der Zwischenzeit brätst du den Frühstücksspeck ohne Fett in einer heißen Pfanne von beiden Seiten knusprig an.
4. Nach der Kochzeit gibst du Tahini-Paste in den Mixtopf und pürierst die Suppe 1 Minute/ Stufe 6.
5. Bestreue die Suppe vor dem Servieren mit Sesam und frischen Kerbelblättern und reiche den Speck dazu.

mixtipp
Die Geflügelleberpastete schmeckt toll auf frischem Brot mit Knusperkruste oder frischem Baguette (s. S. 69). Weintrauben und Petersilie runden das Geschmacks-erlebnis ab.

Geflügelleberpastete

Foie de volaille

Zutaten

Utensilien:

4 verschließbare Gläser à 150–200 ml

150 g Hühnerbrustfilet, in Stücken

100 g Kasseler, geräuchert, in Stücken

100 g Schweinefleisch, aus der Schulter, in Stücken, alternativ Schnitzelfleisch

50 g Speck, in Stücken

1 l Gemüsebrühe

1 Lorbeerblatt

150 g Hühnerleber, in Stücken

80 g Zwiebel, halbiert

10 g Speiseöl, neutral

¼ TL Pfeffer

1 TL Majoran

1 Prise Muskatnuss, gemahlen

1 Prise Nelkenpulver

½ TL Salz

1. Schneide Hühnerbrustfilet, Kasseler, Schweinefleisch und Speck in ca. 2 cm dicke Stücke und fülle sie in den Mixtopf. Gieße die Gemüsebrühe ein, gib das Lorbeerblatt hinzu und gare die Zutaten zuerst 25 Minuten/ 100°C/ Linkslauf/ Stufe 1 und anschließend 40 Minuten/ 80°C/ Linkslauf/ Stufe 1.

2. Gib als Nächstes die Leber in Stücken in den Mixtopf dazu und dünste die Zutaten weitere 5 Minuten/ 80°C/ Linkslauf/ Stufe 1. Gieße danach die Zutaten in das Garkörbchen und fang die Garflüssigkeit dabei auf. Entferne das Lorbeerblatt und stelle die Mischung beiseite.

3. Schäle die Zwiebel, halbiere sie und zerkleinere sie im Mixtopf 5 Sekunden/ Stufe 5. Schiebe die Stücke mit dem Spatel nach unten und dünste sie mit Öl, Pfeffer und Majoran 2 Minuten/ Varoma/ Stufe 2. Gib die Fleischmischung in den Mixtopf dazu und zerkleinere die Zutaten 1 Minute/ Stufe 8. Würze die Pastete mit Muskatnuss, Nelkenpulver und Salz. Falls die Pastete zu trocken ist, gib nach Belieben etwas von dem aufgefangenen Garwasser dazu. Fülle die Pastete in saubere Gläser ab und stelle sie im Kühlschrank kalt. Sie hält sich ca. 5 Tage im Kühlschrank. Du kannst sie aber auch direkt nach dem Abfüllen einkochen, dann hält sie ungekühlt bis zu 3 Monate.

mixtipp
Eine sehr leckere Variante ist auch, wenn du unter das Ei geräucherten Lachs oder Salat schichtest.

Eier Benedict auf die leichte Art

Œufs Bénédicte faciles à faire

4 Portionen  leicht  30 Min.

Zutaten

Utensilien:

4 Kreisförmchen
ø 6–8 cm

Frischhaltefolie

Gummibänder zum Befestigen der Folie

500 g Wasser

4 Eier, Größe M, aufgeschlagen

4 englische Muffins oder Toastbrote

Schnittlauch zum Garnieren

Für die Sauce Hollandaise:

110 g Wasser

2 Eigelb, Größe M

1 EL Zitronensaft

2 EL Sahne

2 EL Speisestärke

Pfeffer, nach Belieben

110 g Butter, kalt, in Würfeln

1. Fülle das Wasser in den Mixtopf und verschließe ihn mit dem Mixtopfdeckel, aber ohne den Messbecher aufzusetzen. Positioniere den Varoma auf dem Mixtopfdeckel.

2. Umwickele nun die Förmchen mit Frischhaltefolie so, dass die Folie auf einer Seite wie eine Trommel gespannt ist und stelle sie, mit der Folie nach unten, in den Varoma. Befülle die Förmchen mit je einem aufgeschlagenen Ei und verschließe den Varoma. Stelle sicher, dass alles richtig sitzt, damit kein Dampf unkontrolliert entweichen kann und gare die Eier darin 12 Minuten/ Varoma/ Stufe 1.

3. Nach dem Garen entfernst du vorsichtig den Varoma und stellst ihn beiseite. Gieße das Wasser aus dem Mixtopf ab und setze den Schmetterling ein.

4. Erhitze nun für die Sauce Hollandaise Wasser, Eigelb, Zitronensaft, Sahne, Speisestärke und Pfeffer im Mixtopf zunächst 2 ½ Minuten/ 60°C/ Stufe 3 und lass die Sauce anschließend 3 Minuten/ 70°C/ Stufe 2 weiter schlagen. Gib währenddessen die Butterwürfel nach und nach durch die Deckelöffnung hinzu.

5. Toaste die Muffins oder Toastbrote, lege die Eier vorsichtig darauf, serviere sie mit der Sauce und streue Schnittlauchröllchen darüber.

Hauptspeisen

Plats principaux

Brokkoliauflauf

Gratin de brocoli

36 Min. + 15 Min. Backzeit

Zutaten

Utensilien:

Auflaufform

50 g Parmesan, in Stücken

50 g Mandeln, blanchiert

500 g Wasser

600 g Brokkoli, in Röschen

30 g Butter

30 g Weizenmehl, Type 405

300 g Milch, 1,5 % Fett

Salz, nach Belieben

Pfeffer, nach Belieben

Mandeln, gestiftelt, zum Bestreuen

1. Gib den Parmesan und die Mandeln in den Mixtopf. Zerkleinere die Zutaten 10 Sekunden/ Stufe 5. Fülle die Mischung in eine separate Schüssel um und stelle sie beiseite.

2. Gieße jetzt das Wasser in den Mixtopf. Teile den Brokkoli in Röschen und verteile ihn im Varoma. Achte dabei darauf, Schlitze frei zu lassen, damit der Dampf zirkulieren kann. Verschließe den Mixtopf, aber ohne den Messbecher aufzusetzen, und positioniere den Varoma auf dem Mixtopf. Stelle sicher, dass alles richtig sitzt, damit kein Dampf unkontrolliert entweichen kann. Gare den Brokkoli 20 Minuten/ Varoma/ Stufe 1.

3. Nimm den Varoma nach der Garzeit vorsichtig vom Mixtopf herunter und fülle den Brokkoli in die Auflaufform. Leere den Mixtopf.

4. Gib die Butter und das Mehl in den Mixtopf und erhitze beides 6 Minuten/ Varoma/ Stufe 1. Füge jetzt Milch, Salz und Pfeffer hinzu und lass die Sauce 7 Minuten/ 100°C/ Stufe 2 köcheln.

5. Heize den Backofen auf 200°C Ober-/Unterhitze vor.

6. Gieße die Sauce auf den Brokkoli, streue die Mandel-Parmesan-Mischung und die Mandelstifte darüber und backe alles auf mittlerer Schiene für 15 Minuten/ 200°C Ober-/ Unterhitze.

Fleischterrine mit Minze

Terrine de viande à la menthe

1 Terrine  mittel 10 Min. + 1 h Backzeit

Zutaten

Utensilien:

Kastenform

30 g Weißbrot

50 g Milch, 1,5 % Fett

100 g Zwiebeln, halbiert

1 Knoblauchzehe

20 Minzeblätter

250 g Rindfleisch, Flanke, in groben Stücken

250 g Schweinefleisch, Kotelett ohne Knochen, in groben Stücken

20 g Olivenöl + für die Form

20 g Mandeln mit Haut

2 Eier, Größe M

½ TL Salz

½ TL Pfeffer

1. Heize den Backofen auf 200°C Umluft vor und fette die Kastenform mit etwas Öl ein.
2. Lass das Brot in einer Schüssel mit Milch einweichen.
3. Schäle die Zwiebeln und den Knoblauch, halbiere die Zwiebeln und zerkleinere beide Zutaten zusammen mit der Minze im Mixtopf 5 Sekunden/ Stufe 5. Schiebe die Stücke mit dem Spatel nach unten.
4. Schneide beide Fleischsorten in grobe Stücke und gib die Stücke zusammen mit dem Brot und der Milch in den Mixtopf. Füge auch Olivenöl, Mandeln, Eier, Salz und Pfeffer hinzu und zerkleinere die Zutaten 40 Sekunden/ Stufe 6.
5. Fülle die Masse gleichmäßig in die Kastenform und streiche sie glatt. Backe die Terrine im vorgeheizten Backofen 60 Minuten/ 200°C Umluft.

mixtipp

Traditionell wichtigste Cidre-Produzenten sind die Normandie und die Bretagne in Frankreich. Um Cidre traditionell herzustellen, wird Apfelsaft unter Beigabe von Reinzuchthefe zweimal vergoren und im Holzfass zur Reife gebracht.

Schweineragout in Cidre

Sauté de porc au cidre

4 Portionen | leicht | 25 Min.

Zutaten

150 g Zwiebeln, halbiert
150 g Speck, gewürfelt
10 g neutrales Speiseöl
500 g Schweinefilet, in Stücken
1 großer Apfel, geschält, in Würfeln
100 g Cidre
1 EL Calvados
100 g Sahne
Salz, nach Belieben
Pfeffer, nach Belieben

1. Gib zunächst die halbierten Zwiebeln in den Mixtopf und zerkleinere sie 5 Sekunden/ Stufe 5.

2. Schiebe die Stücke mit dem Spatel nach unten und füge den Speck hinzu. Dünste die Zutaten mit dem Öl 7 Minuten/ Varoma/ Linkslauf/ Stufe 1 an.

3. Schneide das Fleisch in 3 cm große Stücke und gib diese in den Mixtopf hinzu. Dünste die Zutaten weitere 10 Minuten/ Varoma/ Linkslauf/ Stufe 1. Schneide den Apfel in 1 cm große Würfel. Füge nach 5 Minuten Kochzeit den gewürfelten Apfel in den Mixtopf hinzu und dünste die Apfelwürfel die letzten 5 Minuten mit an.

4. Gib Cidre und Calvados dazu und lass die Zutaten 15 Minuten/ 100°C/ Linkslauf/ Sanftrührstufe köcheln.

5. Nun fügst du die Sahne hinzu und garst das Gericht 3 Minuten/ 90°C/ Linkslauf/ Sanftrührstufe fertig. Schmecke das Filet mit Salz und Pfeffer ab.

mixtipp

Entlang der Mittelmeerküsten Frankreichs wird viel gefischt und entsprechend auch gerne Fisch verzehrt. Typisch für diese Region sind vor allem Doraden, Seeteufel, Wittlinge, Barsche, Wasserhühner, Langusten, Sardinen und Makrelen und diese werden auf jede erdenkliche Art zubereitet.

Fisch im Wirsingpäckchen

Poisson au chou

Zutaten

8 Wirsingblätter, groß

500 g Wasser + 1 EL Wasser

1 TL Salz

500 g Fisch, z.B. Lachs, Rotbarsch oder Seelachs

Saft von 2 Zitronen

1 TL Maisstärke

100 g Butter, kalt, in Stücken

1. Wasche die Wirsingblätter, schneide vorsichtig den dicken Strunk heraus und lege die Blätter in den Varoma. Achte dabei darauf, dass du genügend Schlitze frei lässt, damit der Dampf zirkulieren kann und verschließe den Varoma.

2. Fülle 500 g Wasser in den Mixtopf und verschließe diesen mit dem Mixtopfdeckel, aber ohne den Messbecher aufzusetzen. Positioniere den Varoma auf dem Mixtopfdeckel, achte darauf, dass kein Dampf unkontrolliert entweichen kann und gare die Blätter 8 Minuten/ Varoma/ Stufe 1.

3. Nach der Kochzeit entfernst du den Varoma vorsichtig. Salze den Fisch und wickle je ein Stück Fisch in ein Kohlblatt. Lege die Päckchen in den Varoma und achte wieder darauf, dass du genügend Schlitze frei lässt und verschließe den Varoma. Fülle bei Bedarf noch etwas Wasser nach. Positioniere den Varoma auf dem Mixtopfdeckel und gare die Päckchen nun 10 Minuten/ Varoma/ Stufe 1. Entferne im Anschluss vorsichtig den Varoma und stelle ihn ungeöffnet beiseite.

4. Schütte das Garwasser ab und erhitze Zitronensaft, 1 EL Wasser und Maisstärke im Mixtopf 3 Minuten/ 90°C/ Stufe 3. Gib dabei die Butterstücke durch die Deckelöffnung nach und nach hinzu. Serviere die Kohlpäckchen mit der Zitronenbutter.

mixtipp
Wenn dir Maroilles oder Limburger zu kräftig schmeckt, kannst du einfach auf deinen Lieblingskäse zurückgreifen.

Pute mit Chicorée-Creme

Dinde aux endives à la creme

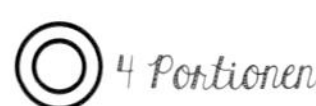

Zutaten

Utensilien:

Backpapier

80 g Käse, z.B. Maroilles oder Limburger

100 g Zwiebeln, halbiert

5 Chicorée, geputzt

180 g Weißwein

100 g Wasser

Salz, nach Belieben

½ Brühwürfel

500 g Putenbrust, in Stücken, alternativ: Huhn

40 g Crème fraîche

Pfeffer, nach Belieben

einige Blätter Petersilie, glatt, zum Garnieren

1. Als Erstes gibst du den Käse in den Mixtopf und zerkleinerst ihn 8 Sekunden/ Stufe 8. Fülle den zerkleinerten Käse in eine separate Schüssel um und stelle ihn zur Seite.

2. Schäle und halbiere die Zwiebeln. Putze den Chicorée und schneide ihn längs durch. Gib die Hälfte des Chicorées in groben Stücken und die Zwiebelhälften in den Mixtopf und zerkleinere sie 7 Sekunden/ Stufe 4. Schiebe die Reste mit dem Spatel nach unten. Nun gibst du Wein, Wasser, Salz und Brühwürfel dazu.

3. Zerknülle ein Stück Backpapier, feuchte es an und lege den Varoma damit aus. So garen die Zutaten schön gleichmäßig.

4. Schneide das Fleisch in Stücke. Verteile nun die restlichen Chicorée-Blätter, einzeln abgelöst, und die Putenbruststücke abwechselnd im Varoma. Achte dabei darauf, Schlitze frei zu lassen, damit der Dampf zirkulieren kann. Schließe den Mixtopf, aber ohne den Messbecher aufzusetzen. Positioniere den Varoma auf dem Mixtopf und stelle sicher, dass alles richtig sitzt, damit kein Dampf unkontrolliert entweichen kann. Gare die Zutaten 20 Minuten/ Varoma/ Stufe 2.

5. Nimm nach der Garzeit den Varoma vorsichtig vom Mixtopf herunter und stelle ihn mit Deckel zur Seite.

6. Gib den zerkleinerten Käse und die Crème fraîche in den Mixtopf und vermische die Zutaten 10 Sekunden/ Stufe 4 zu einer Creme.

7. Würze die Putenbrust nach Belieben mit Pfeffer und serviere sie zusammen mit der Chicorée-Creme aus dem Mixtopf und einigen Blättern Petersilie.

mixtipp
Im Burgund reicht man zum Eintopf frisches Baguette. Aber auch Bandnudeln passen sehr gut dazu.

Rinder-Eintopf

Pot-au-feu à la grecque

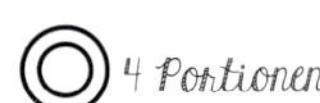

Zutaten

1 Knoblauchzehe

160 g Minischalotten, halbiert

25 g Olivenöl

700 g Rindergulasch

120 g Rotwein

Abrieb oder Zesten von einer Bio-Orange

50 g Tomatenmark

30 g Wasser

2 Lorbeerblätter

1 Zweig Rosmarin, frisch, Nadeln abgezupft

½ TL Zimt

1 TL Kreuzkümmel

½ TL Salz

Pfeffer, nach Belieben

1. Gib den Knoblauch in den Mixtopf und zerkleinere ihn 3 Sekunden/ Stufe 5. Schiebe die Stücke mit dem Spatel herunter.

2. Schäle und halbiere die Schalotten und gib sie mit dem Olivenöl in den Mixtopf. Dünste die Zutaten 2 Minuten/ Varoma/ Linkslauf/ Stufe 1 an.

3. Nun fügst du das Fleisch hinzu und dünstest die Mischung ohne Messbecher 7 Minuten/ 100°C/ Linkslauf/ Sanftrührstufe.

4. Gieße den Wein hinzu und gib auch die Orangenzesten, Tomatenmark, Wasser, Lorbeerblätter, Rosmarinnadeln, Zimt, Kreuzkümmel, Salz und Pfeffer in den Mixtopf dazu. Köchele den Eintopf ohne Messbecher weiter für 1 Stunde/ 90°C/ Linkslauf/ Sanftrührstufe.

Schweinefilet mit Thymiankruste

Filet de porc en croûte de thym

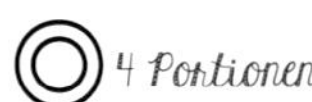

Zutaten

Utensilien:

Frischhaltefolie

Backblech, -papier

Nudelholz

500 g Schweinefilet

Salz, nach Belieben

Pfeffer, nach Belieben

Öl zum Braten

Für die Teigkruste:

150 g Weizenmehl, Type 405 + für die Arbeitsfläche

75 g Butter, weich, in Stücken

½ TL Salz

50 g Wasser, kalt

2 EL Thymian, gerebelt

120 g Zwiebel, rot, halbiert

5 Scheiben Bacon

60 g Ziegenkäse, in Scheiben

1 Eigelb, Größe M

Salz, nach Belieben

Pfeffer, nach Belieben

2 Zweige Rosmarin, frisch

1. Reibe das Filet mit Salz und Pfeffer ein und brate es in einer heißen Pfanne mit Öl pro Seite 4 Minuten an.

2. Nun kannst du den Teig zubereiten. Dafür gibst du Mehl, Butter, Salz, Wasser und Thymian in den Mixtopf und verrührst die Zutaten 20 Sekunden/ Stufe 4. Fülle den Teig anschließend in eine separate Schüssel um.

3. Heize den Ofen auf 180°C Ober-/Unterhitze vor und lege ein Backblech mit Backpapier aus.

4. Rolle den Teig auf einer bemehlten Arbeitsfläche mit einem Nudelholz aus.

5. Schäle die Zwiebel und halbiere sie. Zerkleinere die Zwiebel im Mixtopf 5 Sekunden/ Stufe 6. Verteile die gehackten Zwiebeln auf dem Teig und lege das Schweinefilet darauf.

6. Nun legst du den Bacon um das Fleisch. Schneide den Ziegenkäse in Scheiben und verteile die Scheiben auf dem Fleisch.

7. Wickele nun den Teig um das Filet. Lege das Fleisch mit der Nahtstelle nach unten auf das Backblech und bestreiche es mit dem Eigelb. Backe das Filet im vorgeheizten Ofen 40 Minuten/ 180°C Ober-/Unterhitze. Anschließend kannst du das Fleisch mit Salz und Pfeffer noch einmal würzen und mit frischem Rosmarin verzieren. Zum Servieren in dicke Scheiben schneiden.

mixtipp

In der Provence in Südfrankreich wachsen vielerorts verschiedene Küchenkräuter auch wild in freier Natur. In der französischen Küche verwendet man vor allem Bohnenkraut, Rosmarin und Thymian, aber auch Lavendel, Oregano, Majoran, Estragon, Kerbel, Basilikum oder Fenchel.

Provenzalisches Rinderragout (Daube)

Daube de bœuf à la provençale

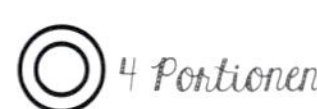

Zutaten

Utensilien:

Pfanne

Reibe

500 g Rindergulasch

10 g Speiseöl, neutral

100 g Wasser

250 g Zwiebeln, halbiert

1 Knoblauchzehe

30 g Butter, weich, in Stücken

1 Bio-Orange

400 g Tomaten aus der Dose, geschält

30 g Rotwein

100 g Möhren, ½ cm dicke Scheiben

1 gestr. TL Salz

Pfeffer, nach Belieben

1. Als Erstes brätst du das Fleisch in einer heißen Pfanne mit Öl 5 Minuten rundherum an. Fülle das Fleisch in eine Schüssel um und stelle es beiseite. Koche das Wasser in der gerade verwendeten Pfanne auf, lass es 2 Minuten köcheln und stelle es anschließend auch beiseite.

2. Schäle die Zwiebeln und den Knoblauch, halbiere die Zwiebeln und zerkleinere beide Zutaten im Mixtopf 5 Sekunden/ Stufe 5. Schiebe die Stücke mit dem Spatel nach unten und dünste sie mit der Butter 2 Minuten/ Varoma/ Stufe 1.

3. Wasche währenddessen die Orange, trockne sie und reibe mit einer feinen Reibe die Schale ab. Presse den Saft der Orange aus und gib diesen mit dem Orangenabrieb nach dem Dünsten in den Mixtopf dazu. Koche die Mischung dann ohne Messbecher 2 Minuten/ 100°C/ Stufe 1.

4. Als Nächstes gibst du den aufgekochten Fleischsud aus der Pfanne, die Tomaten und den Wein hinzu und kochst die Zutaten weitere 4 Minuten/ 100°C/ Stufe 1 ohne Messbecher.

5. In der Zwischenzeit schälst du die Möhren, schneidest sie in ½ cm dicke Scheiben und gibst diese nach der Kochzeit zusammen mit Fleisch, Salz und Pfeffer in den Mixtopf dazu. Koche den Eintopf nun 50 Minuten/ 100°C/ Linkslauf/ Sanftrührstufe ohne Messbecher.

mixtipp
Falls du die Sauce gerne dicker magst, gib zur Sahne noch 1 EL Saucenbinder dazu. Rosmarinkartoffeln passen gut als Beilage.

Hähnchen in Rotweinsauce

Coq au Vin

Zutaten

Utensilien:

Pfanne

3 Hähnchenschenkel, groß

Salz, nach Belieben

Pfeffer, nach Belieben

1 EL Butterschmalz

200 g Schalotten, geschält, halbiert

300 g Möhren

250 g Champignons, braun, geputzt, in Scheiben

3 Scheiben Schinken, roh, in Streifen

2 Knoblauchzehen

½ Bund Petersilie, glatt

250 g Rotwein

500 g Wasser

1 TL Zucker

1 Prise Muskatnuss, gemahlen

2 TL Hühnerbrühepulver

1 Lorbeerblatt

1 Rosmarinzweig, frisch

1 Thymianzweig, frisch

1 TL Tomatenmark

100 g Sahne

1. Wasche und säubere die Hähnchenschenkel, tupfe sie trocken und würze sie nach Belieben mit Salz und Pfeffer. Brate die Schenkel in einer heißen Pfanne mit Butterschmalz von beiden Seiten goldbraun an und lege sie danach in den Varoma. Achte dabei darauf, dass du genügend Schlitze frei lässt, damit der Dampf zirkulieren kann. Bewahre das Bratfett zur Weiterverwendung auf.

2. Schäle die Schalotten, halbiere sie und brate sie in der Pfanne mit dem Hähnchenbratfett an. Lege die Schalottenhälften anschließend auf die Hähnchenschenkel im Varoma und bewahre das Bratfett weiter auf.

3. Putze die Champignons, schneide sie in Scheiben und brate diese im Bratfett an. Verteile die Champignonscheiben auf die Hähnchenschenkel. Schneide die Schinkenscheiben in Streifen, brate auch diese im Bratfett und verteile sie ebenfalls auf die Hähnchenschenkel. Verschließe den Varoma.

4. Schäle die Knoblauchzehen und zerkleinere sie zusammen mit der Petersilie im Mixtopf 5 Sekunden/ Stufe 5. Schiebe die Stücke mit dem Spatel nach unten, gib Wein, Wasser, Zucker, Muskatnuss, Hühnerbrühepulver, Lorbeerblatt, Rosmarin, Thymian und Tomatenmark hinzu und verschließe den Mixtopf mit dem Mixtopfdeckel, aber ohne den Messbecher aufzusetzen. Positioniere den Varoma auf dem Mixtopfdeckel und achte dabei darauf, dass kein Dampf unkontrolliert entweichen kann. Gare die Zutaten 50 Minuten/ Varoma/ Stufe 1.

5. Nach der Kochzeit entfernst du vorsichtig den Varoma und hältst die Zutaten warm. Gib die Sahne durch die Deckelöffnung in den Mixtopf dazu und koche die Sauce 3 Minuten/ 100°C/ Stufe 2. Serviere anschließend das Hähnchen mit dem Gemüse und der Sauce.

Appetithäppchen/ Beilagen

Amuse-bouches/Garnitures

Ein Gedicht kann niemals ein Diner aufwiegen.
Joseph de Berchoux

Blumenkohl-Nocken

Quenelles de chou-fleur

4 Portionen  mittel 25 Min. + 20 Min. Backzeit

Zutaten

Utensilien:

Backblech, -papier

30 g Parmesan
30 g Raclettekäse
500 g Wasser
500 g Blumenkohl, geputzt, in Röschen
50 g Zwiebeln, halbiert
10 Blätter frischer Basilikum
30 g Paniermehl
1 Ei, Größe M
¼ TL Salz
Pfeffer, nach Belieben

1. Als Erstes zerkleinerst du Parmesan und Raclettekäse im Mixtopf 15 Sekunden/ Stufe 10 und füllst die Mischung in eine Schüssel um.

2. Fülle das Wasser in den Mixtopf und verschließe diesen mit dem Mixtopfdeckel, aber ohne den Messbecher aufzusetzen. Den Blumenkohl wäschst du, befreist ihn vom Strunk und teilst ihn in Röschen. Verteile die Blumenkohlröschen in den Varoma, achte dabei darauf, dass genügend Schlitze frei bleiben, damit der Dampf zirkulieren kann. Verschließe den Varoma und setze ihn auf den Mixtopfdeckel. Prüfe, dass kein Dampf unkontrolliert entweichen kann und gare die Röschen 20 Minuten/ Varoma/ Stufe 1.

3. Nach dem Garen setzt du den Varoma vorsichtig ab und leerst den Mixtopf. Heize den Backofen auf 180°C Ober-/ Unterhitze vor.

4. Schäle die Zwiebeln und gib sie halbiert in den Mixtopf. Wasche den Basilikum, tupfe ihn trocken und zerkleinere ihn mit der Zwiebel im Mixtopf 5 Sekunden/ Stufe 5. Schiebe anschließend die Stücke mit dem Spatel nach unten.

5. Füge Paniermehl, Ei, Käsemischung und Blumenkohlröschen hinzu und würze die Mischung mit Salz und Pfeffer. Vermische die Zutaten 15 Sekunden/ Stufe 4 und fülle die Masse in eine Schüssel um.

6. Forme mithilfe von zwei feuchten Esslöffeln Nocken aus der Masse und verteile diese auf ein mit Backpapier ausgelegtes Backblech. Backe die Nocken im vorgeheizten Backofen 20 Minuten/ 180°C Ober-/Unterhitze.

mixtipp

Die malerisch bunten Herbstwälder Frankreichs laden zu langen Spaziergängen oder kulinarischen Streifzügen durch verschiedene Regionen ein.

Herbstliches Püree

Purée d'automne doré

4 Portionen  leicht  45 Min.

Zutaten

300 g Kartoffeln, in Würfeln

300 g Butternuss-Kürbis, in Würfeln

250 g Süßkartoffel, in Würfeln

1 Knoblauchzehe

350 g Milch, 1,5 % Fett

½ TL Salz

100 g Kräuter-Frischkäse, z.B. Philadelphia

Schnittlauch, Petersilie, kraus, und Walnüsse zum Garnieren

1. Schäle Kartoffeln, Kürbis und Süßkartoffeln, schneide die Zutaten in Würfel von etwa 2 cm und gib diese in den Mixtopf. Füge den Knoblauch, die Milch und das Salz hinzu und koche die Zutaten 30 Minuten/ 100°C/ Linkslauf/ Stufe 1.

2. Setze den Schmetterling im Mixtopf ein, gib den Kräuter-Frischkäse hinzu und verrühre die Zutaten 15 Sekunden/ Stufe 3.

3. Hacke für die Dekoration nach Belieben Schnittlauch, Petersilie und Walnüsse. Serviere das Püree mit dem Walnuss-Schnittlauch-Topping bestreut.

mixtipp
Diese Knoblauchmayonnaise passt perfekt als Einlage zur Bouillabaisse oder auf geröstetem Baguette.

Knoblauchmayonnaise

Rouille

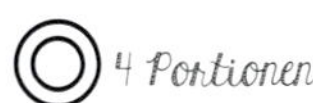

Zutaten

3 Knoblauchzehen

1 Eigelb (Zimmertemperatur), Größe M

½ TL Dijonsenf

1 Spritzer Zitronensaft

1 Prise Safran

½ TL Salz

250 g Sonnenblumenöl

1. Schäle die Knoblauchzehen und zerkleinere sie im Mixtopf 5 Sekunden/ Stufe 5. Schiebe die Stücke mit dem Spatel nach unten und zerkleinere sie erneut 3 Sekunden/ Stufe 5.
2. Gib Eigelb, Senf, Zitronensaft, Safran und Salz hinzu, verschließe den Mixtopf und setze den Messbecher auf den Mixtopfdeckel.
3. Rühre die Zutaten 3 Minuten/ Stufe 4 und gieße das Öl auf den Mixtopfdeckel. Das Öl fließt so langsam in den Mixtopf und verbindet sich gleichmäßig mit den anderen Zutaten.

Croque Monsieur

Croque Monsieur au four

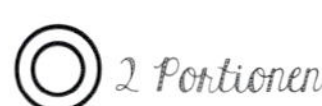

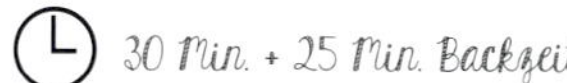

Zutaten

Utensilien:

Auflaufform

100 g Zwiebeln, halbiert

20 g Olivenöl

100 g Speck, in Würfeln

2 Eier, Größe M

100 g Sahne

10 g Weißwein

1 TL Weizenmehl, Type 405

1 Prise Muskatnuss, gemahlen

Salz, nach Belieben

Pfeffer, nach Belieben

4 Scheiben Sandwichtoast ohne Kruste

1. Heize als Erstes den Backofen auf 180 °C Umluft vor.
2. Schäle die Zwiebeln, halbiere sie und zerkleinere sie im Mixtopf 5 Sekunden/ Stufe 5. Schiebe die Stücke mit dem Spatel nach unten und dünste sie mit dem Öl 2 Minuten/ Varoma/ Linkslauf/ Stufe 1 an. Gib die Speckwürfel dazu und dünste die Zutaten erneut 5 Minuten/ Varoma/ Stufe 1. Fülle die Mischung anschließend in eine Schüssel um.
3. Als Nächstes füllst du Eier, Sahne, Wein, Mehl, Muskatnuss, Salz und Pfeffer in den Mixtopf und verrührst die Zutaten 15 Sekunden/ Stufe 4.
4. Lege 2 Brotscheiben nebeneinander in eine Auflaufform und verteile darauf jeweils die Zwiebel-Speck-Mischung. Gieße die Hälfte der Ei-Mischung darüber und lege jeweils eine weitere Toastscheibe darauf. Gieße den Rest der Ei-Mischung auf die Toastscheiben und backe diese im vorgeheizten Backofen 25 Minuten/ 180 °C Umluft goldbraun.

mixtipp

Ratatouille ist ein Klassiker der französischen Küche und wird heiß oder kalt gegessen. Als Beilage, Vorspeise oder als Zwischengang ist sie eine kalorienarme und frische Delikatesse.

Geschmorter Gemüseeintopf

Ratatouille

Zutaten

120 g Zwiebeln, halbiert

2 Knoblauchzehen

20 g Olivenöl

500 g reife Tomaten, in groben Stücken

1 rote Paprikaschote (ca. 200 g), entkernt, in groben Stücken

1 grüne Paprikaschote (ca. 200 g), entkernt, in groben Stücken

3 TL Kräuter der Provence, gerebelt

1 TL Oregano, gerebelt

2 TL Tomatenmark

1 TL Salz

2 Prisen Pfeffer

300 g Auberginen, in groben Stücken

300 g Zucchini, in groben Stücken

1. Schäle Zwiebeln und Knoblauch und gib beide Zutaten halbiert, zusammen mit Olivenöl, in den Mixtopf. Zerkleinere die Zutaten 5 Sekunden/ Stufe 5 und schiebe die Stücke mit dem Spatel nach unten. Dünste die Stücke 2 Minuten/ Varoma/ Stufe 1 an.

2. Als Nächstes wäschst du die Tomaten, befreist sie von den Strunkansätzen und gibst sie in groben Stücken in den Mixtopf. Wasche und entkerne die Paprika und gib sie ebenfalls in groben Stücken, zusammen mit Kräutern der Provence, Oregano, Tomatenmark, Salz und Pfeffer in den Mixtopf dazu. Koche die Zutaten nun 12 Minuten/ 100°C/ Stufe 1.

3. Währenddessen wäschst du Auberginen und Zucchini, befreist sie von den Strunkansätzen und schneidest sie in Stücke.

4. Nach der Kochzeit gibst du Auberginen- und Zucchinistücke in den Mixtopf dazu und garst die Mischung weitere 12 Minuten/ 100°C/ Stufe 1.

mixtipp
Serviere die Suppe mit Croûtons. Dafür reibst du Baguettescheiben mit Knoblauch und Olivenöl ein und lässt diese unter dem Grill bräunen.

Bretonische Fischsuppe

mit Knoblauchmayonnaise und Baguette

Marmite du pêcheur avec rouille et baguette

Zutaten

1 Zwiebel, groß, halbiert

30 g Olivenöl

4 Knoblauchzehen

120 g Möhren

70 g Fenchel

80 g Sellerie

800 g Mittelmeerfische, in Stücken, z.B. 200 g Knurrhahn, 200 g Rotbarbe, 200 g Dorade, 200 g Garnelen

½ Dose Tomaten, gehackt

3 EL Tomatenmark

300 g Weißwein

100 g Fischfond

80 g Wermut

1 TL Meersalz

¼ TL Pfeffer

1 Lorbeerblatt

1 Thymianzweig

1 Stängel Petersilie

1 rote Pfefferschote

10 g Butter

1. Schäle die Zwiebel, gib sie halbiert in den Mixtopf und zerkleinere sie 5 Sekunden/ Stufe 5. Schiebe die Stücke mit dem Spatel nach unten und dünste sie mit dem Öl 2 Minuten/ Varoma/ Stufe 1.

2. Schäle den Knoblauch und die Möhren, putze den Fenchel und den Sellerie und gib die vier Zutaten in groben Stücken in den Mixtopf dazu. Koche die Stücke 4 Minuten/ Varoma/ Linkslauf/ Stufe 1.

3. Wasche in der Zwischenzeit den Fisch und schneide ihn in Stücke. Gib ihn nach der Kochzeit in den Mixtopf hinzu und gare die Zutaten weitere 5 Minuten/ Varoma/ Linkslauf/ Stufe 1.

4. Gib danach gehackte Tomaten, Tomatenmark, Weißwein, Fischfond, Wermut, Salz, Pfeffer, Lorbeerblatt, Thymianzweig und Petersilie hinzu. Wenn du es nicht so scharf magst, entferne die Kerne der roten Pfefferschote, ansonsten schneide sie nur in grobe Stücke und gib sie ebenfalls hinzu. Koche die Zutaten 17 Minuten/ 100°C/ Linkslauf/ Stufe 1.

5. Entferne anschließend Lorbeerblatt und Thymianzweig und püriere die Suppe 1 Minute/ Stufe 2 und erhöhe dabei die Einstellung nach und nach auf Stufe 5. Gib die Butter hinzu und rühre sie 10 Sekunden/ Stufe 2 unter.

mixtipp
Pro Person rechnet man mit 1000 g Muscheln als Hauptmahlzeit. Wenn du sie als Beilage zubereitest und dazu Pommes frites oder Baguette reichst, ist die Hälfte dieser Menge ausreichend.

Muscheln in Weißweinsauce

Moules marinières

2 Portionen  leicht  30 Min.

Zutaten

1000 g Muscheln

150 g Zwiebeln, halbiert

1 Knoblauchzehe

30 g Butter, weich, in Stücken

250 g Weißwein

250 g Wasser

1 Lorbeerblatt

½ TL Salz

Pfeffer, nach Belieben

2–3 EL Crème fraîche

1. Wasche die Muscheln gründlich in Salzwasser, so lässt sich der Sand wunderbar entfernen. Grundsätzlich sind frische Muscheln geschlossen. Sind sie vor dem Kochen schon geöffnet, ist das ein Anzeichen, dass sie schon verdorben sind. Die geöffneten Muscheln entfernst du und die anderen verteilst du in den Varoma. Achte dabei darauf, dass du genügend Schlitze frei lässt, damit der Dampf zirkulieren kann. Verschließe den Varoma.

2. Schäle die Zwiebeln und den Knoblauch, halbiere die Zwiebeln und zerkleinere beide Zutaten im Mixtopf 5 Sekunden/ Stufe 5. Schiebe die Stücke mit dem Spatel nach unten und dünste sie mit der Butter 2 Minuten/ Varoma/ Stufe 1. Lösche die Mischung mit Weißwein und Wasser ab und gib Lorbeerblatt, Salz und Pfeffer hinzu.

3. Verschließe den Mixtopf mit dem Mixtopfdeckel, aber ohne den Messbecher aufzusetzen und positioniere den Varoma auf dem Mixtopfdeckel. Achte darauf, dass kein Dampf unkontrolliert entweichen kann und gare die Muscheln nun 25 Minuten/ Varoma/ Linkslauf/ Stufe 1. Beim Garen sollten sich die Muscheln öffnen.

4. Nach dem Garen entfernst du vorsichtig den Varoma und füllst die Muscheln in eine Schüssel um.

5. Jetzt gibst du Crème fraîche zum Sud in den Mixtopf, rührst sie 10 Sekunden/ Linkslauf/ Stufe 4 unter und übergießt die Muscheln mit dem Sud.

Baguette

Pain français

Zutaten

Utensilien:

Baguetteblech oder Backblech, -papier

ofenfeste Schüssel

320 g Wasser

20 g Frischhefe

2 TL Salz

550 g Weizenmehl, Type 405

1. Für den Teig gibst du Wasser und zerbröselte Hefe in den Mixtopf und vermischst die Zutaten 3 Minuten/ 37°C/ Stufe 1. Füge Salz und Mehl hinzu und lass den Teig 3 Minuten/ Teigknetstufe kneten. Fülle anschließend den Teig in eine Schüssel um und lass ihn abgedeckt an einem warmen Ort 30 Minuten ruhen. Der Teig sollte nach der Ruhezeit sein Volumen in etwa verdoppelt haben.

2. Anschließend teilst du den Teig in 3 Teile. Ziehe die Teigstücke ohne sie zu kneten in Form und rolle sie vorsichtig. Lege den Teig auf ein Baguetteblech oder forme das Backpapier so, dass sich längliche Mulden bilden. Lege das vorgeformte Backpapier auf ein Backblech und lege den Teig in die vorbereiteten Mulden. Decke sie mit einem Tuch ab und lass sie erneut 30 Minuten gehen.

3. Heize den Backofen auf 250°C Ober-/Unterhitze vor.

4. Stelle eine ofenfeste Schüssel mit Wasser in den vorgeheizten Backofen. Schneide die Baguettes mehrfach schräg ein und backe diese im Backofen 20 Minuten/ Ober-/Unterhitze goldbraun.

Tartes/Quiches

Wo die Liebe den Tisch deckt, schmeckt das Essen am besten.

Sprichwort aus Frankreich

Zitronentarte

Tarte au citron

1 Tarte

leicht

20 Min. + 45 Min. Backzeit + 4 h Kühlzeit

Zutaten

Utensilien:

Tarteform

Backpapier

getrocknete Erbsen zum Blindbacken

Für den Teig:

60 g Zucker

125 g Butter, weich, in Stücken + für die Form

1 Ei, Größe M

1 Prise Salz

200 g Weizenmehl, Type 405

Für die Zitronencreme:

6 Bio-Zitronen

400 g Kondensmilch, gezuckert

1 Ei, Größe M

3 Eigelb, Größe M

1. Als Erstes bereitest du den Teig zu. Dafür pulverisierst du den Zucker im Mixtopf 10 Sekunden/ Stufe 10. Warte zwei Minuten bevor du den Deckel öffnest, da der Zucker sehr staubt, und gib dann Butter, Ei und Salz hinzu. Vermische die Zutaten 1 Minute/ Stufe 4.
2. Gib das Mehl hinzu und vermische alles 5-mal 1 Sekunde/ Turbotaste.
3. Fülle den Teig in eine Schüssel um und lass ihn abgedeckt eine Stunde im Kühlschrank ruhen.
4. Reinige den Mixtopf gründlich.
5. Nach 1 Stunde kannst du den Ofen auf 170°C Umluft vorheizen. In der Zwischenzeit drückst du den Teig in eine gefettete Tarteform, so dass ein Rand entsteht. Lege ein passend zugeschnittenes Backpapier auf den Teig und fülle getrocknete Erbsen für das Blindbacken darauf, die du nach dem Backen wieder entfernst. Sie dienen dazu, dass der Teig nicht zu sehr aufgeht und noch Platz für das Topping ist. Backe jetzt den Teig im vorgeheizten Backofen 15 Minuten/ 170°C Umluft.
6. Währenddessen wäschst du für die Creme die Zitronen und trocknest sie gründlich ab. Schäle die Schale von 3 Zitronen sehr dünn ab, achte dabei darauf, dass du keine weiße Haut entfernst und gib die Zitronenschalen in den Mixtopf. Zerkleinere sie nun 4 Sekunden/ Stufe 8 und schiebe die Stücke mit dem Spatel nach unten.
7. Presse nun alle 6 Zitronen aus und füge den Saft, zusammen mit Kondensmilch, Ei und Eigelb in den Mixtopf hinzu. Verrühre alle Zutaten 1 Minute/ Stufe 4.

8. Nach 15 Minuten Backzeit reduzierst du die Temperatur auf 150°C Umluft und entfernst das Papier und die Erbsen. Verteile die Zitronenfüllung gleichmäßig auf den gebackenen Tarteboden und backe die Tarte 30 Minuten/ 150°C Umluft goldbraun.

9. Lass die Tarteform nach dem Backen zuerst 1 Stunde bei Zimmertemperatur abkühlen und stelle sie dann für mindestens 2 Stunden im Kühlschrank kalt.

mixtipp
Die Quiche Lorraine stammt ursprünglich aus dem Raum Lothringen. Sie ist im Grunde eine Tarte aus Mürbeteig, mit herzhafter Füllung. Klassisch wird sie mit einer Füllung aus Räucherspeck und einer Creme aus Eiern und Sahne serviert. Früher war sie eine beliebte Montagsmahlzeit, da man die Essensreste vom Wochenende so gut aufbrauchen konnte.

Pikante Quiche mit Speck und Käse

Quiche Lorraine

 1 Quiche  leicht 9 Min. + 50 Min. Backzeit

Zutaten

Utensilien:

Springform ø 26 cm

Für den Teig:

125 g Butter, weich, in Stücken + für die Form

250 g Weizenmehl, Type 405 + für die Arbeitsfläche

60 g Wasser

Für den Belag:

150 g Gruyère, in Stücken

150 g Zwiebeln, halbiert

15 g Olivenöl

150 g Schinkenspeck, in Würfeln

4 Eier, Größe M

200 g Sahne

1 Prise Muskatnuss, gemahlen

¼ TL Salz

Pfeffer, nach Belieben

Petersilie zum Garnieren

1. Heize als Erstes den Backofen auf 180°C Umluft vor und fette die Form mit etwas Butter ein.

2. Verrühre für den Teig Butter, Mehl und Wasser im Mixtopf 1 Minute/ Teigknetstufe. Rolle den Teig auf einer mit Mehl bestäubten Arbeitsfläche rund aus und lege ihn in die vorbereitete Form. Ziehe den Rand auf die Hälfte der Form hoch, so dass ein 3 cm hoher Rand entsteht. Steche den Boden mit einer Gabel mehrmals ein und backe diesen im vorgeheizten Backofen 15 Minuten/ 180°C Umluft.

3. Reinige den Mixtopf gründlich und zerkleinere darin den Käse 8 Sekunden/ Stufe 8. Fülle den Käse in eine Schüssel um.

4. Schäle für den Belag die Zwiebeln, halbiere und zerkleinere sie im Mixtopf 5 Sekunden/ Stufe 5. Schiebe die Stücke mit dem Spatel nach unten und dünste sie mit dem Öl 2 Minuten/ Varoma/ Stufe 1 an. Danach gibst du die Speckwürfel dazu und garst die Zutaten 3 Minuten/ Varoma/ Linkslauf/ Stufe 1.

5. Als Nächstes fügst du Käse, Eier, Sahne, Muskatnuss, Salz und Pfeffer hinzu und vermischst die Zutaten 15 Sekunden/ Linkslauf/ Stufe 2. Verteile die Masse nach der Backzeit gleichmäßig auf den heißen Boden und backe die Quiche weitere 35 Minuten/ 180°C Umluft zu Ende.

mixtipp
Der Kuchen schmeckt am zweiten oder dritten Tag am besten, da dann der Teig so richtig schön keks-knusprig wird.

Schoko-Keks-Kuchen

Tarte cookie au chocolat

 1 Tarte    leicht   20 Min. + 35 Min. Backzeit + 4 h Abkühlzeit

Zutaten

Utensilien:

Frischhaltefolie

Tarteform

Backblech, -papier

Für den Teig:

70 g dunkle Schokolade oder Kuvertüre, in Stücken

125 g weiche Butter

1 Ei, Größe M

200 g Weizenmehl, Type 405

60 g Puderzucker

¼ TL Salz

Für die Füllung:

300 g dunkle Schokolade oder Kuvertüre, in Stücken

50 g Milch, 1,5 % Fett

250 g Sahne

2 Eier, Größe M

1. Hacke für den Teig 70 g Schokolade grob mit dem Messer und stelle sie zunächst zur Seite.

2. Gib Butter und Ei in den Mixtopf und vermische die Zutaten 2 Minuten/ Stufe 4.

3. Füge Mehl, Puderzucker und Salz hinzu und rühre die Zutaten 10 Sekunden/ Stufe 5 unter.

4. Rühre die gehackte Schokolade mit dem Spatel unter und nimm den Teig aus dem Mixtopf. Reinige den Mixtopf gründlich, wickele den Teig in Frischhaltefolie und stelle ihn für 1 Stunde in den Kühlschrank.

5. Heize den Ofen auf 170°C Umluft vor.

6. Fette die Tarteform ein, verteile den Teig in die Form und backe den Kuchen im vorgeheizten Ofen 20 Minuten/ 170°C Umluft. Lass den Kuchen anschließend 20 Minuten abkühlen und stürze ihn dann vorsichtig aus der Form auf ein mit Backpapier ausgelegtes Backblech.

7. Breche nun für die Füllung 300 g Schokolade in grobe Stücke und zerkleinere sie im Mixtopf 5 Sekunden/ Stufe 7. Füge Milch und Sahne hinzu und erhitze die Zutaten 3 Minuten/ 60°C/ Stufe 3.

8. Stelle den Ofen auf 150°C Umluft ein. Füge die Eier in den Mixtopf dazu und vermische die Zutaten 30 Sekunden/ Stufe 3. Gieße die Füllung auf den Tarteboden. Backe die Tarte nun für 15 Minuten/ 150°C Umluft.

9. Lass den Kuchen 1 Stunde im offenen Ofen abkühlen. Nimm ihn anschließend aus dem Ofen heraus und lass ihn für mindestens 2 weitere Stunden auskühlen.

Champignon-Speck-Tarte

Tarte aux champignons et aux lardons

Zutaten

Utensilien:

Frischhaltefolie

Tarteform

Für den Teig:

200 g Butter, gefroren, in Würfeln

200 g Weizenmehl, Type 405

¼ TL Salz

90 g Wasser, sehr kalt

Speiseöl für die Form

Für die Füllung:

20 g Petersilie, frisch, Blätter abgezupft

1 Knoblauchzehe

10 g Sonnenblumenöl

120 g Speck, geräuchert, in Würfeln

600 g Champignons, geputzt, geviertelt

½ TL Nelken, gemahlen

2 Eier, Größe M

90 g Sahne

100 g Frischkäse, z.B. Philadelphia

Salz, nach Belieben

Pfeffer, nach Belieben

1. Für den Teig verrührst du Butter, Mehl, Salz und Wasser im Mixtopf 20 Sekunden/ Stufe 6. Wickele den Teig in Frischhaltefolie und lass ihn 15 Minuten im Kühlschrank ruhen. Nach der Ruhezeit rollst du den Teig rund aus und legst ihn in eine eingeölte Tarteform. Ziehe den Teig am Rand hoch, so dass ein 3 cm hoher Rand entsteht.

2. Wasche die Petersilie und tupfe sie trocken. Schäle den Knoblauch und zerkleinere diesen mit der Petersilie im Mixtopf 5 Sekunden/ Stufe 5. Schiebe die Stücke mit dem Spatel nach unten und gib Öl und Speck hinzu. Dünste die Zutaten 7 Minuten/ Varoma/ Linkslauf/ Sanftrührstufe.

3. Putze in der Zwischenzeit die Champignons, viertele sie und gib die Stücke mit Salz, Pfeffer und Nelken nach dem Dünsten der Petersilien-Knoblauch-Speckmasse in den Mixtopf dazu. Gare die Zutaten weitere 7 Minuten/ 100°C/ Linkslauf/ Sanftrührstufe. Gieße das entstandene Garwasser vorsichtig ab und verteile die Füllung gleichmäßig auf den Teigboden.

4. Heize den Backofen auf 180°C Umluft vor.

5. Nun verrührst du Eier, Sahne, Frischkäse, Salz und Pfeffer im Mixtopf 30 Sekunden/ Stufe 4 und gießt die Masse gleichmäßig über die Füllung in der Form. Backe die Quiche im vorgeheizten Backofen 35 Minuten/ 180°C Umluft goldbraun.

mixtipp
Serviere die Tarte
mit frisch geschlagener
Sahne.

Gestürzter Apfelkuchen

Tarte Tatin

1 Tarte · leicht · 15 Min. + 35 Min. Backzeit + 30 Min. Kühlzeit

Zutaten

Utensilien:

Frischhaltefolie

Tarteform

Pfanne

Für den Teig:

200 g Weizenmehl, Type 405 + für die Arbeitsfläche

3 EL Puderzucker

1 Prise Salz

1 Ei, Größe M

2 EL Wasser, kalt

100 g Butter, kalt, in Würfeln + für die Form

Für die Füllung:

750 g Äpfel, geschält, entkernt, in Spalten

2 EL Zitronensaft + für die Apfelspalten

130 g Puderzucker

130 g Butter, weich, in Stücken

1. Verrühre für den Teig Mehl, Puderzucker, Salz, Ei, Wasser und Butter im Mixtopf 1 Minute/ Stufe 5. Wickele den Teig anschließend in Frischhaltefolie und kühle ihn 30 Minuten im Kühlschrank.

2. Für die Füllung schälst du in der Zwischenzeit die Äpfel, viertelst und entkernst sie und schneidest die Viertel jeweils in 3 Spalten. Beträufle die Apfelspalten mit etwas Zitronensaft, damit sie nicht braun werden.

3. Reinige den Mixtopf gründlich und heize den Backofen auf 200°C Ober-/Unterhitze vor. Fette die Form mit etwas Butter ein.

4. Nun bereitest du den Karamell zu. Dafür verrührst du den Puderzucker mit dem Zitronensaft in einer heißen Pfanne und lässt die Mischung aufkochen. Rühre dann die Butter unter und lass die Mischung zu Karamell einkochen. Dünste die Apfelspalten kurz im Karamell an und verteile sie kreisförmig in die vorbereitete Form.

5. Nach der Kühlzeit rollst du den Teig mit einem Nudelholz zwischen Frischhaltefolie und etwas Mehl zu einem Kreis aus. Lege den Teig auf die Apfelspalten in die Form und stecke den Rand nach innen ein. Backe nun die Tarte im vorgeheizten Backofen 35 Minuten/ 200°C Ober-/Unterhitze. Lass die Tarte 15 Minuten auskühlen, bevor du sie auf einen Kuchenteller stürzt.

Tarte Tatin

mit Chicorée, Walnüssen und Blauschimmelkäse

Tatin d'endives aux noix et au bleu

Zutaten

Utensilien:

Frischhaltefolie

Tarteform

Kochtopf

Für den Teig:

100 g Butter, weich, in Stücken + für die Form

200 g Weizenmehl, Type 405

½ TL Meersalz, grob

60 g Wasser

Für die Füllung:

500 g Wasser

600 g Chicorée

75 g Puderzucker

2 EL Essig

1 EL Wasser

40 g Walnüsse

100 g Blauschimmelkäse

1. Für den Teig verrührst du zuerst Butter, Mehl und Salz im Mixtopf 1 Sekunde/ 5 x Turbo und gibst das Wasser dazu. Verrühre den Teig erneut 1 Sekunde/ 5 x Turbo. Wickele den Teig anschließend in Frischhaltefolie und lege ihn zur Kühlung für 1 Stunde in den Kühlschrank.

2. In der Zwischenzeit bereitest du die Füllung vor. Dafür füllst du das Wasser in den Mixtopf und verschließt diesen mit dem Mixtopfdeckel, aber ohne den Messbecher aufzusetzen. Wasche den Chicorée und lege ihn in den Varoma. Achte dabei darauf, dass du genügend Schlitze frei lässt, damit der Dampf zirkulieren kann und verschließe den Varoma. Positioniere den Varoma auf dem Mixtopfdeckel und gare den Chicorée 25 Minuten/ Stufe 2. Nach der Garzeit entfernst du vorsichtig den Varoma, drückst den Chicorée mit einem Tuch aus und teilst ihn in zwei Hälften.

3. Heize den Backofen auf 180°C Umluft vor und fette die Tarteform mit etwas Butter ein.

4. Verrühre nun Puderzucker, Essig und Wasser in einem Kochtopf und erhitze die Mischung, bis sie eine hellbraune Farbe annimmt. Gieße den Karamell dann in die Tarteform.

5. Zerkleinere die Walnüsse im gereinigten Mixtopf 5 Sekunden/ Stufe 5 und verteile die Stücke auf dem Karamell in die Form. Nun verteilst du die Chicorée-Hälften sternförmig in die Form und bröselst den Blauschimmelkäse gleichmäßig über die Chicorée-Hälften.

6. Rolle nach der Kühlzeit den Teig rund aus und lege diesen auf die Chicorée-Hälften in die Form. Drücke dabei den Rand leicht herunter. Backe die Tarte im vorgeheizten Backofen 35 Minuten/ 180°C goldbraun. Stürze die Tarte nach dem Backen vorsichtig aus der Form und serviere sie.

Desserts

Essen ist ein Bedürfnis,
Genießen eine Kunst.
François VI. Duc de La Rochefoucauld

mixtipp
Die Galette wird, im Gegensatz zum Crêpe, eher salzig gegessen. Zu beidem passt Apfelsaft und Cidre.

Buchweizenpfannkuchen
Galettes bretonnes

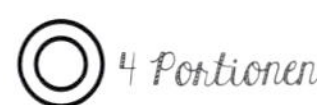

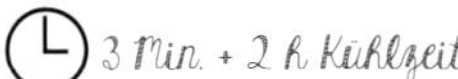

Zutaten
20 g Butter, weich
200 g Mineralwasser
150 g Wasser
2 Eier, Größe M
100 g Buchweizenmehl
1 Prise Salz

1. Schmelze als Erstes die Butter im Mixtopf 2 Minuten/ 50°C/ Stufe 6. Gib Mineralwasser und Wasser, Eier, Mehl und Salz hinzu und verrühre die Zutaten 20 Sekunden/ Stufe 5. Der Teig muss sehr flüssig sein. Lass den Teig anschließend 2 Stunden im Kühlschrank ruhen, hier zieht er ein wenig an.
2. Nach der Ruhezeit fettest du eine heiße Pfanne mit etwas Butter ein und backst darin den Teig portionsweise jeweils von beiden Seiten goldbraun.

Himbeersorbet

Sorbet aux framboises

 1 l

 leicht

 3 Min.

Zutaten

80 g Zucker

500 g TK-Himbeeren

1 Eiweiß, Größe M

1. Für das Sorbet pulverisierst du den Zucker im Mixtopf 20 Sekunden/ Stufe 8. Warte zwei Minuten, bevor du den Deckel öffnest, da der Zucker sehr staubt und gib dann die gefrorenen Himbeeren hinzu. Zerkleinere die Himbeeren, indem du 6-mal den Turbo verwendest.

2. Danach gibst du das Eiweiß hinzu und rührst es 1 Minute/ Stufe 5 unter.

3. Setze den Schmetterling im Mixtopf ein und rühre das Sorbet 1 Minute/ Stufe 3. Nun kannst du das Sorbet sofort servieren und mit einem Eisportionierer entnehmen oder in einer verschließbaren Dose einfrieren.

mixtipp
Den Backofen während des Backens möglichst nicht öffnen und das Soufflé nach dem Backen sofort servieren, damit es nicht in sich zusammenfällt.

Schokoladensoufflé

Soufflé au chocolat

 4-6 Stück

 leicht

9 Min. + 12-14 Min. Backzeit + 10 h Kühlzeit

Zutaten

Utensilien:

4–6 feuerfeste Förmchen

Frischhaltefolie

200 g Zartbitterschokolade, in Stücken

180 g Butter, weich, in Stücken + für die Form

2 Eigelb, Größe M

2 Eier, Größe M

1 Prise Salz

75 g Zucker

40 g Weizenmehl, Type 405

1. Zerkleinere zuerst die in Stücke gebrochene Schokolade im Mixtopf 8 Sekunden/ Stufe 8, schiebe die Stücke mit dem Spatel nach unten und schmelze die Schokolade 3 ½ Minuten/ 50°C/ Stufe 1.

2. Gib die Butter hinzu und rühre die Mischung 1 Minute/ 50°C/ Stufe 1. Fülle die Mischung in eine Schüssel um.

3. Als Nächstes verrührst du im Mixtopf Eigelb, Eier, Salz und Zucker 3 Minuten/ Stufe 4, du brauchst dafür den Mixtopf vorher nicht auszuspülen.

4. Gib anschließend die Schoko-Butter-Mischung dazu und vermische die Zutaten 10 Sekunden/ Stufe 4.

5. Nun das Mehl hinzugeben und 5 Sekunden/ Stufe 4 unterrühren.

6. Fette die Förmchen mit etwas Butter ein und befülle sie jeweils zu zwei Dritteln mit dem Souffléteig. Decke die gefüllten Förmchen mit etwas Frischhaltefolie ab und stelle sie für 10 Stunden ins Gefrierfach.

7. Eine halbe Stunde bevor du das Soufflé servieren möchtest, heizt du den Backofen auf 200°C Ober-/Unterhitze vor. Schiebe das Soufflé auf mittlerer Schiene in den Backofen und drehe die Temperatur sofort auf 190°C herunter. Backe das Soufflé 12–14 Minuten/ 190°C Ober-/Unterhitze.

mixtipp
Serviere das Soufflé mit frischen Früchten.

Kokossoufflé

Soufflé à la noix de coco

 1 Soufflé

 mittel

10 Min. + 40 Min. Backzeit

Zutaten

Utensilien:

runde Auflaufform

170 g Sahne, kalt

6 Eier, Größe M

90 g Weizenmehl, Type 405

400 g Kokosmilch

60 g Zucker

75 g Butter, weich, in Stücken + für die Form

125 g Kokosnussraspeln

1. Heize den Backofen auf 200°C Ober-/Unterhitze vor und fette die Form ein.

2. Setze den Schmetterling im Mixtopf ein und schlage darin die Sahne unter Beobachtung auf Stufe 3 steif. Entferne anschließend den Schmetterling und fülle die Sahne in eine Schüssel um.

3. Verrühre nun Eier, Mehl, Kokosmilch, Zucker und Butter im Mixtopf 3 Minuten/ 90°C/ Stufe 3. Gib geschlagene Sahne und Kokosnussraspeln hinzu und rühre beide Zutaten 10 Sekunden/ Stufe 10 unter.

4. Fülle den Teig in die Form. Schiebe das Soufflé auf mittlerer Schiene in den Backofen und drehe die Temperatur sofort auf 190°C herunter. Backe das Soufflé auf mittlerer Schiene 40 Minuten/ 190°C Ober-/Unterhitze.

mixtipp

Crêpes werden in der Regel süß belegt, zum Beispiel mit frischen Früchten, Nuss-Nougat-Creme, (Zimt und) Zucker oder Konfitüre. „Crêpes Suzette“ werden in frischem Orangensaft und -likör getränkt und anschließend flambiert. „Crêpes Beurre-Sucre“ werden mit salziger Butter aus der Bretagne bestrichen und anschließend mit Zucker bestreut.

Crêpes

Zutaten

Utensilien:

Pfanne, alternativ Crêpeplatte

50 g Butter, weich, in Stücken

250 g Weizenmehl, Type 405

1 Prise Salz

1 EL Vanillezucker

500 g Milch, 1,5 % Fett

4 Eier, Größe M

1. Schmelze als Erstes die Butter im Mixtopf 2 Minuten/ 50°C/ Stufe 2. Füge Mehl, Salz, Vanillezucker, Milch und Eier hinzu und verrühre die Zutaten 1 Minute/ Stufe 3. Fülle den Teig anschließend in eine Schüssel um und lass ihn abgedeckt 30 Minuten ruhen.

2. Nach der Ruhezeit erhitzt du eine Pfanne oder Crêpeplatte und fettest diese mit etwas Butter ein. Verteile den Teig portionsweise dünn in der Pfanne und backe die Crêpes von beiden Seiten goldbraun.

Crème brûlée

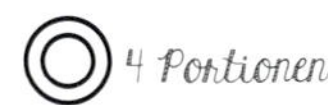

8 Min. + 45 Min. Backzeit

Zutaten

Utensilien:

4 ofenfeste Dessertschälchen

Bunsenbrenner oder Flambiergerät

200 g Sahne

100 g Milch, 1,5 % Fett

2 Eigelb, Größe M

½ TL Vanillepulver, z.B. dmBio Bourbon Vanille gemahlen, alternativ Vanillezucker

1 Prise Salz

35 g Zucker + 8 TL Zucker zum Karamellisieren

1. Heize den Backofen auf 150°C Ober-/Unterhitze vor.

2. Setze den Schmetterling im Mixtopf ein und koche darin Sahne, Milch, Eigelb, Vanillepulver, Salz und 35 g Zucker 8 Minuten/ 70°C/ Stufe 3. Fülle die Creme anschließend in die ofenfesten Schälchen um und verteile diese auf das Backblech. Schiebe das Backblech in den Backofen und gieße es, bis zur Hälfte der Höhe der Schälchen, mit kochendem Wasser auf. Backe nun die Creme im Wasserbad 45 Minuten/ 150°C Umluft. Lass die Creme nach der Backzeit auf Zimmertemperatur abkühlen.

3. Bestreue jedes Schälchen jeweils mit 2 TL Zucker und karamellisiere den Zucker mithilfe eines Flambiergerätes oder eines Bunsenbrenners.

Cannelés aus Bordeaux

Cannelés bordelais

ca. 24 Stück  mittel 20 Min. + 45 Min. Backzeit + 24 h Ruhezeit

Zutaten

Utensilien:

2–3 Silikonbackformen für Cannelés à 12–15 Miniküchlein

Mark einer Vanilleschote

500 g Milch, 1,5 % Fett

30 g Butter

135 g Weizenmehl, Type 405

240 g Zucker

1 Prise Salz

1 Ei, Größe M

2 Eigelb, Größe M

Abrieb von 1 Bio-Orange

1. Kratze mithilfe eines Löffels das Mark aus der Vanilleschote und gib es zusammen mit Milch und Butter in den Mixtopf. Erhitze die Mischung 3 Minuten/ 90°C/ Stufe 2 und gib anschließend Mehl, Zucker und Salz hinzu. Verrühre die Zutaten 20 Sekunden/ Stufe 5 und lass den Teig danach auf Zimmertemperatur abkühlen.

2. Als Nächstes gibst du das Ei und das Eigelb, sowie den Orangenabrieb hinzu und rührst die Zutaten 20 Sekunden/ Stufe 5 unter. Fülle den Teig in eine Schüssel um und lass ihn abgedeckt 24 Stunden im Kühlschrank ruhen. (Wichtig!)

3. Nach der Ruhezeit heizt du den Backofen auf 250°C Ober-/ Unterhitze vor.

4. Rühre den Teig gut durch und verteile ihn vorsichtig in die Silikonförmchen und das so, dass der letzte obere Zentimeter vom Rand frei bleibt.

5. Reduziere die Backofentemperatur auf 220°C Ober-/ Unterhitze und backe darin die Cannelés 15 Minuten. Danach reduzierst du erneut die Backofentemperatur auf 200°C Ober-/Unterhitze und lässt darin die Cannelés weitere 30 Minuten backen. Die Cannelés sollten dann außen dunkel sein, also verlängere gegebenenfalls die Backzeit um 10 Minuten. Nach dem Backen stürzt du die Cannelés aus der Form und lässt sie auf einem Kuchenrost abkühlen.

mixtipp

Clafoutis sind eine Süßspeise aus dem französischen Limousin. Klassische Clafoutis werden mit schwarzen Kirschen zubereitet, mit Stein, da sie entsteint mehr Saft abgeben würden und den Teig sehr flüssig machen. Ob du sie als süße Hauptspeise oder eher als Dessert essen willst, ist dir selbst überlassen, da die megaleckeren Clafoutis wohl selbst nicht genau wissen, ob sie ein Auflauf oder ein Kuchen sind. Sehr oft werden sie mit Kirschen zubereitet, du kannst da ganz nach Lust und Laune dein Lieblingsobst hineinbacken.

Früchte-Clafoutis

Clafoutis aux fruits

Zutaten

Utensilien:

Tarteform ø 30 cm

80 g weiche Butter + für die Form

450 g Milch, 3,5 % Fett

200 g Weizenmehl, Type 405

120 g Zucker

1 Prise Salz

1 EL Vanillezucker

3 Eier, Größe M

500 g Heidelbeeren (TK) oder andere Früchte

Fett für die Form, z.B. Backtrennmittel selbstgemacht oder von RUF

1. Heize den Backofen auf 200°C Ober-/Unterhitze vor.
2. Gib Butter in den Mixtopf und lass sie 5 Minuten/ 50°C/ Stufe 2 schmelzen.
3. Füge Milch, Mehl, Zucker, Salz, Vanillezucker und Eier hinzu und vermenge die Zutaten 40 Sekunden/ Stufe 5.
4. Fette die Tarteform gut mit selbstgemachtem Backtrennmittel ein.
5. Verteile die tiefgefrorenen Heidelbeeren gut in der Form und gieße den Teig vorsichtig darüber.
6. Backe die Clafoutis im Backofen auf der mittleren Schiene 40 Minuten/ 200°C Ober-/Unterhitze.

Tassenküchlein mit Himbeeren

Petits gâteaux aux framboises

5-10 kleine Küchlein | leicht | 5 Min. + 25-30 Min. Backzeit

Zutaten

Utensilien:

Tassen oder Gläser, ofenfest

60 g Butter

200 g Zucker

1 EL Vanillezucker

1 Ei, Größe M

Abrieb von einer Bio-Zitrone

280 g Mineralwasser

250 g Weizenmehl, Type 405

40 g Speisestärke

1 Pck. Backpulver

1 Pck. Puddingpulver Sahne oder Vanille, z.B. von Dr. Oetker

1 Prise Salz

40 g Zitronensaft

200 g Himbeeren, TK

1. Heize den Backofen zunächst auf 200°C Ober-/Unterhitze bzw. 180°C Umluft vor.

2. Gib die Butter in den Mixtopf und lass sie 5 Minuten/ 50°C/ Stufe 2 schmelzen.

3. Füge Zucker, Vanillezucker, Ei und Zitronenabrieb hinzu und verrühre die Zutaten 3 Sekunden/ Stufe 4. Gieße das Mineralwasser in den Mixtopf und verrühre die Mischung nochmals 5 Sekunden/ Stufe 4.

4. Nun gibst du Mehl, Speisestärke, Backpulver, Puddingpulver, Salz und Zitronensaft hinzu und verrührst den Teig 20 Sekunden/ Stufe 4.

5. Fette die Tassen ein und befülle sie zur Hälfte mit Teig. Verteile die Himbeeren auf die Tassen und drücke sie leicht in den Teig.

6. Backe die Tassenküchlein im vorgeheizten Ofen auf mittlerer Schiene 25–30 Minuten/ 200°C Ober-/Unterhitze bzw. 180°C Umluft. Lass die Küchlein abschließend abkühlen und serviere sie mit Puderzucker bestäubt.

mixtipp
Wenn du es schokoladig magst, bepinsele die Unterseite der Madeleines mit flüssiger Kuvertüre.
mixtipp
Die Madeleines halten sich in einer verschlossenen Dose bis zu drei Tage.

Madeleines

Petits gâteaux traditionnels lorrains

ca. 30 Stück  leicht 20 Min. + 10 Min. Backzeit + 15 Min. Ruhezeit

Zutaten

Utensilien:

Backform für Madeleines

50 g Mandeln, blanchiert

130 g Butter, in Stücken + für die Form

4 Eier, Größe M

150 g Zucker

1 Päckchen Vanillezucker

1 Prise Salz

100 g Weizenmehl, Type 405

1 TL Backpulver

1. Zuerst zerkleinerst du die Mandeln im Mixtopf 1 Minute/ Stufe 8 und füllst sie in eine Schüssel um.

2. Gib die Butter in Stücken in den Mixtopf und schmelze diese 5 Minuten/ 50°C/ Stufe 2. Fülle die geschmolzene Butter in eine Schüssel um und stelle sie beiseite.

3. Als Nächstes verrührst du Eier, Zucker, Vanillezucker und Salz im Mixtopf 3 Minuten/ Stufe 4. Gib Mehl, zerkleinerte Mandeln und Backpulver hinzu und verrühre die Zutaten 40 Sekunden/ Stufe 3. Füge die Butter in den Mixtopf hinzu und vermische alle Zutaten 20 Sekunden/ Stufe 3. Lass nun den Teig 15 Minuten im Kühlschrank ruhen.

4. Heize währenddessen den Backofen auf 200°C Ober-/ Unterhitze vor und fette die Backform mit etwas Butter ein.

5. Fülle die Förmchen jeweils bis zu ⅔ mit dem Teig auf. Reduziere die Backofentemperatur auf 180°C Ober-/Unterhitze und backe darin die Madeleines 10 Minuten goldbraun. Lass die Form nach dem Backen auf einem Kuchengitter auskühlen und löse dann erst die Madeleines aus der Form.

mixtipp
Falls du es bunt magst, kannst du bei Punkt 4 nach Belieben etwas Lebensmittelfarbe in Gel- oder Pulverform hinzugeben.

Baisers

Meringues

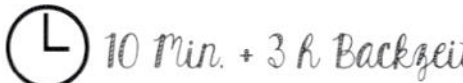

Zutaten

Utensilien:

Backblech, -papier
Spritzbeutel

6 Eiweiß, Größe M
1 Prise Salz
300 g Zucker

1. Heize den Backofen auf 90°C Umluft vor und lege ein Backblech mit Backpapier aus.

2. Setze den Schmetterling im Mixtopf ein. Es ist sehr wichtig, dass der Mixtopf fettfrei ist, da der Eischnee sonst nicht steif wird. Falls du dir unsicher bist, spüle den Mixtopf mit warmem Salzwasser aus und schütte das Wasser anschließend ab, du brauchst den Mixtopf nicht abzutrocknen.

3. Schlage nun das Eiweiß im Mixtopf 4 Minuten/ 80°C/ Stufe 4 auf und lass dabei die Prise Salz durch die Deckelöffnung einrieseln.

4. Anschließend rührst du den Eischnee 7 Minuten/ Stufe 2 und gibst währenddessen den Zucker langsam durch die Deckelöffnung hinzu.

5. Entferne den Schmetterling und fülle die Baisermasse in einen Spritzbeutel. Spritze kleine Baisers auf das vorbereitete Backblech und lass diese im vorgeheizten Backofen 3 Stunden/ 90°C Umluft trocknen. Wenn du große Baisers machst, erhöht sich die Backzeit um mindestens eine Stunde.

mixtipp
Steche zum Servieren Nocken aus der Mousse und serviere sie mit weißen Schokoladenraspeln bestreut, oder mit leckeren Blaubeeren.

Schokoladenschaum

Mousse au chocolat

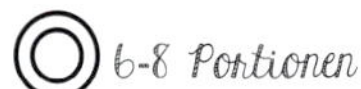 6-8 Portionen  mittel 8 Min. + 3 h 35 Min. Kühlzeit

Zutaten

200 g Zartbitterkuvertüre, in Stücken

4 Eier, Größe M

20 g Kaffee, stark, aufgebrüht

40 g Butter, weich, in Stücken

200 g Sahne, kalt

1. Als Erstes gibst du die Kuvertüre in Stücken in den Mixtopf und zerkleinerst sie 8 Sekunden/ Stufe 10. Schiebe die Stücke mit dem Spatel nach unten und gib Eier und Kaffee hinzu. Erhitze die Mischung 5 Minuten/ 50°C/ Stufe 4.
2. Gib jetzt die Butter dazu und verrühre die Mischung 15 Sekunden/ Stufe 3. Fülle die Mischung in eine Schüssel um und lass sie 30 Minuten abkühlen.
3. Reinige den Mixtopf gründlich und spüle ihn kalt aus.
4. Setze den Schmetterling im Mixtopf ein und schlage darin die Sahne unter Beobachtung auf Stufe 3 steif. Hebe anschließend die Sahne gleichmäßig unter die Schokoladencreme und stelle die Mousse für 3 Stunden im Kühlschrank kalt.

Amelie von Kruedener arbeitet in der digitalen Redaktion der Mediengruppe RTL Deutschland. Darüber hinaus ist sie als freie Autorin tätig. In der Küche möchte sie ihren Thermomix® nicht mehr missen, er ist für sie nicht mehr wegzudenken.

Die Vielfalt und der Abwechslungsreichtum der französischen Küche begeistert Amelie von Kruedener seit jeher. Die Autorin legt – wie die Franzosen – bei der Zubereitung ihrer Gerichte viel Wert auf höchste Qualität ihrer Zutaten. Für sie sind gemeinsame Mahlzeiten mit ihrer Familie, mit Freunden und Arbeitskollegen enorm wichtig. Sie überzeugt mit ihrer positiven Lebensart: Sie ist charmant, pfiffig, frech und irgendwie französisch.

Ihr Lebensmotto: Savoir-vivre – die Kunst, das Leben zu genießen – spiegelt sich im fantastischen Geschmack ihrer Speisen wider.

Weitere Titel dieser Reihe

Ina-Maria Klups

mixtipp:

Meine Wildküche

Kochen mit dem Thermomix®

120 Seiten, durchgehend farbig bebildert,
Flexocover, 19 x 23 cm,
ISBN: 978-3-96058-320-2, VSB-Nr.: 656398
€ (D) 14,99 / € (A) 15,50

Bereits erschienen

Bio-Fleisch: Wild, das ohne Medikamente oder chemische Zusätze aufgezogen wurde. Zubereitet in einem der modernsten Küchengeräte der Welt, dem Thermomix®, das ist schmackhaftes und gesundes Essen. Ob deftig als Pfefferpotthast vom Wildschwein, edel als Rotwild Tonnato oder exotisch als Rehrücken im Asiasud, dieses Buch zeigt die vielfältigen Möglichkeiten, die unsere heimischen Wildarten bieten. Eine Wildtaubensuppe ist im Thermomix® schnell gemacht und der Wildgansaufstrich verfeinert jedes Frühstück. Leberkäse ist ein echter Klassiker, aber Wildleberkäse ist noch schmackhafter. Wildbret ist nicht nur gesund, weil es kaum Fett und Cholesterin enthält, sondern auch ebenso leicht zu verarbeiten wie das Fleisch vom Hausschwein oder Rind. Dieses Buch zeigt dir, wie einfach das ist!

Sylvia Lühert

mixtipp:

Muffins und Cupcakes

Kochen mit dem Thermomix®

112 Seiten, durchgehend farbig bebildert,
Flexocover, 19 x 23 cm,
ISBN: 978-3-96058-319-6, VSB-Nr.: 656397
€ (D) 14,99 / € (A) 15,50

Bereits erschienen

Ob Kaffeeklatsch, Kindergeburtstag oder Bürofeier – Muffins und Cupcakes sind leckere, kleine Versuchungen, die jedes fröhliche Beisammensein zu etwas Besonderem machen. Sie sind ideal als kleiner Snack zum Mitnehmen, aufsehenerregend als Geschenk oder auch mal ein perfektes Frühstück. Egal ob aufwendig dekoriert oder schlicht köstlich, die locker-leichten, saftigen Kuchen sind immer ein Genuss. Probiere dich durch die über 40 leckeren Rezepte unserer Autorin Sylvia Lühert und staune über die Vielseitigkeit der kleinen Köstlichkeiten. Sie sind mit deinem TM31® oder TM5® so einfach und schnell zubereitet, dass du nicht genug bekommen wirst. Versprochen!